# MARGARET THATCHER

La implacable Dama de Hierro

Por Sébastien Porcu
Traducido por Laura Bernal Martín

# MARGARET THATCHER

- **¿Nacimiento?** El 13 de octubre de 1925 en Grantham (Reino Unido)
- **¿Muerte?** El 8 de abril de 2013 en Londres
- **¿Partido político?** El Partido Conservador
- **¿Principal aportación?** El «thatcherismo» (nombre dado al conjunto de medidas económicas y políticas adoptadas por Margaret Thatcher) y la recuperación económica del Reino Unido

Adorada por unos y criticada por otros, Margaret Thatcher es una importante figura política del siglo XX. Conocida por sus brutales declaraciones, por su densa cabellera y por sus pendientes de perlas, François Mitterrand (hombre de Estado francés, 1916-1996) la describe como una mujer con «los labios de Marilyn Monroe y los ojos de Calígula» («El otro legado de Maggie», en *La voz de Galicia*).

Entre 1979 y 1990 ocupa el puesto de primera ministra británica, convirtiéndose en la primera mujer en ejercer el cargo y en conservarlo durante tanto tiempo. Apodada la Dama de Hierro desde su discurso de 1976 contra la Unión Soviética, Margaret Thatcher demuestra a lo largo de toda su carrera una inflexibilidad feroz y una terquedad inusual. Al mismo tiempo, lidera una estricta política económica que se suele llamar thatcherismo. Esta implica la privatización de las empresas estatales, la limitación del poder sindical y la imposición de tasas preferenciales para las rentas altas. Medidas que, sin duda, propician el crecimiento económico, pero que en el plano social constituyen una verdadera catástrofe. Su controvertida personalidad se ve marcada especialmente por dos acontecimientos: la huelga de hambre de los republicanos irlandeses (marzo de 1981), abortada tras 172 días debido al silencio impasible de Thatcher, y la Guerra de las Malvinas (abril-junio de 1982), que le ofrece una victoria política, pero que es tristemente famosa por las graves pérdidas humanas que provoca. Pero, ¿quién fue realmente Margaret Thatcher?

# BIOGRAFÍA

Retrato de Margaret Thatcher de 1983.

# UNA INFANCIA ESTRICTA

13 de octubre de 1925. Margaret Hilda Roberts nace en la pequeña tienda de comestibles de su padre, en Grantham. Le admirará durante toda su vida un éxito personal que solo se debe a sí mismo. Le enseña a ser perseverante, a rechazar la dejadez y a ser íntegra. En cambio, su relación con su madre, Beatriz, es muy distinta. Junto a su hermana mayor, pasa una infancia marcada por el metodismo, las clases de piano, la escuela privada y la misa de los domingos.

### EL METODISMO

El metodismo es un movimiento religioso que se desarrolla en Inglaterra en el siglo XVIII de la mano del predicador y teólogo John Wesley (1703-1791). Sus principios fundamentales son la devoción al cristianismo, hacer el bien y predicar la buena nueva.

## EL NACIMIENTO DE UNA VOCACIÓN

Margaret se apasiona por la política gracias a su padre. De hecho, este se convierte en concejal municipal en 1936 y se fija el objetivo de defender la causa de los pequeños comerciantes. Su lucha se hace eco entre la población, y se convierte en alcalde de Grantham en 1945. Por su parte, la joven se dedica a sus estudios y obtiene una beca para acudir al Somerville College de Oxford. Más tarde, se licencia en química y letras. Curiosa y ávida de conocimiento, le marca mucho *Camino de servidumbre*, un libro de Friedrich von

Hayek dedicado al neoliberalismo económico del que extraerá muchas ideas.

## DE LAS ETAPAS INICIALES A LA CREACIÓN DE UN ICONO

El año 1959 no es solo la fecha que marca su entrada en el Parlamento, sino también la del retorno de los conservadores al poder. Este viento a favor le permite llegar al cargo de ministra de Educación en 1970. Su momento de gloria se perfila cuando sucede a Edward Heath (1916-2005) como líder del Partido Conservador en 1975. Asciende en el escalafón político y causa un gran revuelo en su propio partido cuando cuestiona algunos de sus fundamentos: la laxitud frente a los sindicatos, la eurofilia (posición favorable hacia la Unión Europea) o incluso el igualitarismo.

El 19 de enero de 1976, Margaret Thatcher habla en Londres. Pronuncia un agresivo discurso contra la Unión Soviética y el comunismo, que se extiende cada vez más. Según ella, los rusos «[...] ponen las armas antes que la mantequilla [...]» (Thatcher 1976). A raíz de este famoso y mordaz discurso contra la URSS, los medios de comunicación se refieren a ella como la Dama de Hierro. Acaba de nacer un icono.

## DEL THATCHERISMO A LA GUERRA DE LAS MALVINAS

Margaret Thatcher se convierte en primera ministra en 1979, siendo así la primera mujer en ejercer el cargo. Lleva a cabo su programa económico comenzando por exigir un descenso de la contribución británica a Europa, una reivindicación que acabará obteniendo gracias a su insistencia. También pone en marcha una política deflacionista para darle más poder a la libra esterlina.

En marzo de 1981, Margaret Thatcher es puesta a prueba por primera vez: Bobby Sands (1954-1981), un prisionero republicano irlandés, comienza con sus compañeros una huelga de hambre para obtener la condición de preso político, a través de la cual quiere transmitir su deseo de obtener un mejor trato. Pero la Dama de Hierro no se doblega y hace oídos sordos a su petición. Bobby Sands muere el 5 de mayo durante su lucha y, poco después, otros nueve detenidos también perderán la vida. La huelga termina después de 172 días.

A partir de entonces, la popularidad de Margaret Thatcher cae en los sondeos debido a las posturas que adopta. Para remediarlo, decide hacer de la soberanía de las islas Malvinas su caballo de batalla. De hecho, estas islas situadas en el Atlántico Sur representan un punto estratégico, ya que constituyen una apertura hacia el continente antártico, aún inexplorado. La Dama de Hierro inicia una impresionante embestida para recuperarlas, con gran perjuicio para los argentinos, en abril de 1982. La batalla resulta extremadamente mortífera, ya que se lleva por delante la vida de 905 personas, incluyendo 255 británicos.

## DE LAS PRIVATIZACIONES AL RECHAZO

La victoria de Margaret Thatcher contra los argentinos le permite salir reelegida y le ofrece a los conservadores su mejor resultado. En esa línea, Maggie decide privatizar 29 empresas estatales, lo que debilita significativamente al Estado. Sin embargo, esta medida permite estabilizar la economía: de hecho, la privatización de una empresa obliga a los nuevos propietarios a establecer una gestión rentable de la misma, algo que no ocurre con una empresa pública. Consecuentemente, esto atrae a los inversores extranjeros. Pero Margaret Thatcher contribuye sobre todo a la degeneración del sistema público al provocar un deterioro del sistema educativo y un aumento de la pobreza y de las desigualdades sociales. La Dama de Hierro está implementando una sociedad que propicia los privilegios.

El *poll tax* (impuesto de capitación) que desea poner en práctica tendrá consecuencias letales para ella: el impuesto, considerado no igualitario por las clases populares, provoca disturbios. Entonces, Margaret se ve repudiada por su partido, y deja la política el 22 de noviembre de 1990.

## EL DETERIORO DE SU SALUD

Retirada de la política, Margaret Thatcher decide dedicarse a su fundación, que promueve el liberalismo en toda Europa. También da algunas conferencias hasta el 2002. Después, una serie de accidentes cerebrovasculares le obligan a retirarse de la vida pública. Sin embargo, reaparecerá en algunas ocasiones, como tras el fallecimiento de Ronald Reagan (hombre de Estado estadounidense, 1911-2004), al que conocía muy bien.

Margaret Thatcher muere el 8 de abril de 2013 en Londres como consecuencia de un derrame cerebral. Aunque su política neoliberal permite que el país conozca su más largo período de prosperidad, también sume a la población en un verdadero derramamiento de sangre social.

# CONTEXTO

## UNA ECONOMÍA MUY ENFERMA

A mediados de los años cincuenta, el Reino Unido está en problemas. Después de la Segunda Guerra Mundial (1939-1945), su situación económica se deteriora de manera significativa. Está a la zaga en comparación con otros países: el crecimiento no llega al 3 %, mientras que sus vecinos europeos, como Francia y Alemania, disfrutan de un desarrollo del 5 %. Desde el final de la guerra, el Estado amplía sus competencias, gracias en parte a la nacionalización de los servicios y de los transportes, y en 1930 se establece un verdadero Estado de bienestar. Al hacerlo, los gastos del país crecen, algo que no arregla demasiado la situación.

### EL ESTADO DE BIENESTAR

Esta concepción del Estado le ofrece una mayor posibilidad de intervención a este, sobre todo en áreas económicas y sociales. Esta forma de organizar la sociedad promete una mayor igualdad, porque practica la distribución de la riqueza. Es conocida en los países anglosajones como el *Welfare State*.

## EL ORGULLO HERIDO

En 1973, una crisis petrolífera provoca una fuerte inflación que alcanza el 25 %. Se trata de un verdadero terremoto para el Reino Unido, que tres años más tarde se encuentra en un túnel sin salida. La situación es tal que se ve obligado a llamar a la puerta del Fondo Monetario Internacional (FMI) en 1976. No es difícil imaginar la vergüenza que invade a un país que, poco antes, se jactaba de tener un sistema económico eficiente. Se le prestan cuatro mil millones de dólares con la condición *sine qua non* de que establezca una política deflacionista. Los sindicatos, que exigen un aumento salarial, ven entonces cómo el Gobierno rechaza sus pretensiones, lo que provoca el estallido de numerosas huelgas por todo el país.

## LA UNIÓN CONTRA EL «SOCIALISMO RASTRERO»

Ante el considerable peso que han adquirido los sindicatos, Margaret Thatcher decide basar su campaña política en el «socialismo rastrero» que estos últimos practican. El Partido Conservador, representado por los *tories*, gana fácilmente las elecciones de 1975 con el 44 % de los votos, por delante del Partido Laborista.

Margaret Thatcher se convierte así en líder del partido en detrimento de Edward Heat, pero se mantiene en la oposición. Su victoria se debe más a un voto antisindical que a un verdadero respaldo de su programa económico. Esto no impide que, una vez instalada en el poder, decida redoblar los esfuerzos, realizando recortes presupuestarios, eliminando los beneficios complementarios relacionados a los salarios y aumentando las tasas de interés de los bancos para reducir la inflación.

# EL INVIERNO DEL DESCONTENTO

En 1978-1979, el Reino Unido vive momentos caóticos. Los sindicatos toman al país como rehén en el famoso invierno del descontento. Este término, utilizado por primera vez por el dramaturgo inglés William Shakespeare (1564-1616) en su obra *Ricardo III* (1592-1593), es retomado por un columnista del diario *The Sun* para describir las consecuencias de la tentativa laborista de instaurar un límite del 5 % al aumento salarial.

Ante esta medida, se multiplican las huelgas por todo el país y en todos los sectores. Se producen cortes de luz, así como escasez de alimentos. Muy a su pesar, los huelguistas le entregan las llaves del número 10 de Downing Street (residencia del primer ministro británico) a Margaret Thatcher. La población vota masivamente al Partido Conservador, y la Dama de Hierro se sitúa a la cabeza del país en 1979.

## LA APLICACIÓN DE LA REVOLUCIÓN THATCHERIANA

La Dama de Hierro no pierde ni un solo segundo y arremete contra el Estado de bienestar: en su opinión, este no hace más que crear vividores. Margaret Thatcher tiene una visión propia de las clases sociales. Según ella, las divisiones existentes deben convertirse en un motor para las clases desfavorecidas; las estima necesarias para que aprendan a superarse. También lidera una campaña para debilitar los *Trade Union* (sindicatos británicos), y regula sus procedimientos, en particular con la ley de 1982 para reprimir huelgas violentas. Para estimular la economía, concede a los individuos con altos ingresos un tipo impositivo preferencial: pasa del 83 % al 37 %. El thatcherismo está en marcha y experimentará un gran éxito en el plano económico. Sin embargo, habrá que esperar hasta 1990 para ver cómo la inflación récord del 16 % se reduce en dos tercios.

En 1983, el balance del primer mandato de Thatcher es catastrófico: la producción está disminuyendo, el desempleo se ha disparado y el déficit público aumenta un poco más. Pero, como de costumbre, la Dama de Hierro sigue siendo intransigente y se niega a hacer concesiones: como le gusta decir, no hay otra alternativa.

## *FIGHTING FOR ARGENTINA*

El conflicto de las Malvinas se produce en el año 1982. Por un lado, el lado patriótico de la batalla hace las delicias de los británicos, y permitirá que Thatcher reconquiste las urnas y sea reelegida por cuatro años más al frente del poder. Por otra parte, este lado belicista crea divisiones dentro del Partido Conservador. Además, varios miembros del Gobierno dimiten para mostrar simbólicamente su descontento.

## 365 DÍAS DE HUELGA

El Gobierno Thatcher, ya en su segunda legislatura, decide arremeter contra el sector minero. Al constatar que una veintena de explotaciones de este sector son deficitarias, decide cerrarlas. En términos de empleo, esta decisión provoca una verdadera hecatombe que lleva a una huelga, calificada de ilegal porque solo el 40 % de los mineros deciden unirse a ella, mientras que la ley exige un mínimo del 55 % para que un paro de trabajo sea considerado legítimo. A pesar de los violentos enfrentamientos entre las fuerzas de seguridad y los mineros, la Dama de Hierro se muestra tenaz. El respeto de la ley está por encima de todo. Se ponen en marcha planes para evitar una escasez de carbón e incluso se hace un llamamiento para que las personas que no pertenezcan a sindicatos transporten el mineral.

De marzo de 1984 a marzo de 1985, Maggie rechaza todos los acuerdos que se le proponen, oponiéndose a todo intento de negociación. Los mineros, agotados, endeudados y hambrientos, vuelven finalmente al trabajo tras un año de huelga y sin haber logrado obtener nada del Gobierno.

## OBJETIVO INTERNACIONAL

A continuación llega el momento de las grandes privatizaciones de las empresas públicas. Con esta medida, Margaret Thatcher permite a los nuevos propietarios reducir el déficit presupuestario y sanear, al mismo tiempo, las finanzas públicas. Además, el número de funcionarios disminuye y el Gobierno hace recortes drásticos en los presupuestos del transporte, la sanidad y la vivienda.

## DESIGUALDADES SOCIALES AÚN MÁS PRONUNCIADAS

Cuando el Gobierno Thatcher apenas ha tenido tiempo para

disfrutar de un retorno al crecimiento, el déficit comercial vuelve a aumentar.

## EL DÉFICIT COMERCIAL

El déficit comercial de un país se evalúa en base a una balanza imaginaria. Si las importaciones de un Estado son superiores a sus exportaciones, se habla de saldo deficitario, porque este Estado es dependiente de otros países para la compra de bienes.

Por su parte, la tasa de desempleo es de un 5,8 %, pero las desigualdades sociales son cada vez mayores. Los ricos se han vuelto aún más ricos y los pobres se han empobrecido. En este contexto, la Dama de Hierro intenta imponer su *poll tax*. Esta también afectará a los más pobres, que entonces no estaban sujetos al impuesto. A pesar de que los que le rodean le dicen que va demasiado lejos, Margaret Thatcher insiste y acaba siendo empujada a la puerta de salida, a favor de John Major (nacido en 1943), que le sucede en 1990.

# MOMENTOS CLAVE

## *«I WANT MY MONEY BACK»*

Durante su primera cumbre europea en Dublín el 30 de noviembre de 1979, Margaret Thatcher deja huella en su auditorio. Aunque las negociaciones giran en torno a cuestiones presupuestarias, la Dama de Hierro levanta un revuelo en la CEE (Comunidad Económica Europea). Considera que la contribución del Reino Unido es demasiado alta, y le espeta a la asamblea: *«I want my money back»* («Quiero que me devuelvan mi dinero»). Efectivamente, juzga que su país da mucho más de lo que recibe a cambio. Muchos estallan en carcajadas, y son pocos los que creen en las posibilidades que tiene una solicitud de este tipo. Sin embargo, los nueve (Alemania, Bélgica, Francia, los Países Bajos, el Reino Unido, Luxemburgo, Italia, Dinamarca e Irlanda) dedican casi toda la cumbre a hablar sobre esta rebaja a los ingleses.

A pesar de que son muy conscientes de que el Reino Unido es uno de los países más pobres de la CEE y de que su participación es desproporcionada, los otros países europeos muestran su rechazo a la Dama de Hierro. Y por una buena razón: cambiar la cantidad de su participación implica modificar las reglas básicas que fundaron la comunidad. Pero no cuentan con la agresividad de Maggie: tras múltiples conversaciones, acaba por lograr que se dobleguen Valéry Giscard d'Estaing (hombre de Estado francés, nacido en 1926) y Helmut Kohl (hombre de Estado alemán, nacido en 1930) en 1984, en la cumbre europea de Fontainebleau. Basándose en pruebas, no deja de demostrar el poco peso de la agricultura británica (2 % del producto nacional bruto) frente a los gigantes francés y alemán. Es una victoria total para Margaret Thatcher, que recibe un descuento del 66 % sobre la contribución del Reino Unido. El caso británico sirve de referencia, ya que establece un principio: se podrá revisar y corregir la contribución de todo Estado miembro que soporte una carga excesiva en relación con su salud financiera.

## «¿DERROTA? ESA POSIBILIDAD NO EXISTE»

24 de marzo de 1986. Argentina sufre un golpe de Estado y cae bajo un régimen dictatorial. La situación también es preocupante en otros países de América del Sur, donde los servicios de inteligencia llevan a cabo una campaña de asesinatos, conocida como Operación «Cóndor», para eliminar a los disidentes políticos. La dictadura se extiende a otros países, incluyendo las islas Malvinas, el 2 de abril de 1982. Sin embargo, estas últimas estaban bajo dominio británico desde 1833.

### UNA SOBERANÍA DISPUTADA DURANTE MUCHO TIEMPO

Las islas Malvinas están en el Atlántico Sur, a más de 13 000 kilómetros del Reino Unido, y no siempre han pertenecido a este. En el siglo XVIII, los franceses se apoderan de ellas durante sus exploraciones, pero son rápidamente expulsados a favor de España. Esta última decide abandonar las islas en 1810, poniendo fin a 37 años de ocupación. En 1820, España le otorga la independencia a Argentina. Los argentinos ven la oportunidad de establecer una colonia en las tan ansiadas islas, pero esta idea es abandonada rápidamente. Entonces, los ingleses vuelven a la carga y se hacen con este lugar estratégico en 1833. Desde entonces, Argentina y el Reino Unido se disputan la soberanía del territorio.

La ONU (Organización de las Naciones Unidas) ejerce presión sobre Argentina para que retire sus tropas y deje de ocupar las islas a través de la Resolución 502. Pero esto es demasiado poco para la Dama de Hierro, especialmente porque si no hace nada, perdería parte de su orgullo, y su inacción sería percibida como cobardía. Por ello, decide reaccionar con el lanzamiento el 25 de abril 1982 de una agresiva ofensiva contra los ocupantes de las Malvinas. Más allá de la cuestión territorial, otros datos entran en juego para explicar esta reacción, un tanto inesperada. Las islas Malvinas son de hecho un punto estratégico por su ubicación, en especial por su proximidad a la Antártida. Por tanto, es interesante mantener su control para disfrutar de las materias primas y de la riqueza explotable en sus alrededores. «¿Derrota? Esa posibilidad no existe», dice Margaret Thatcher sobre la guerra que está librando (Thatcher 2013).

Los enfrentamientos, que son breves pero violentos, provocan la muerte de 650 argentinos y 255 británicos. Una vez más, Margaret Thatcher logra la victoria, y su orgullo nacionalista le servirá de trampa para atrapar los votos en las elecciones de 1983. El escritor argentino Jorge Luis Borges (1899-1986) utilizará una fórmula especial para describir este conflicto: «Las Malvinas fue una guerra entre dos calvos por un peine» (Gorosito Pérez 2016).

## «Y AHORA, ES LO DE SIEMPRE»

En Belfast (capital de Irlanda del Norte), la prisión está siempre llena. Muchos miembros del IRA (Irish Republican Army, el Ejército Republicano Irlandés) son encerrados por sus actos violentos y reprensibles.

### EL IRA

El IRA aparece en 1913 con el proyecto Home Rule, cuyo principal objetivo es concederle a Irlanda una mayor autonomía. No es hasta seis años después que el movimiento adopta el nombre de IRA. A través de violentos ataques contra los británicos, reivindica una total autonomía de Irlanda.

A lo largo de la historia, este ejército se ve atacado por guerras internas debido a las diferencias de opinión acerca de la dirección que hay que tomar. De estas luchas nacen dos IRA, uno de los cuales es el IRA Provisional, que cree que para lograr su propósito es necesario el uso de la violencia. Habrá que esperar al año 1974 para que esta misma organización sea declarada ilegal, y al 2005 para que decida abandonar las armas.

En 1976, Bobby Sands y otros activistas son detenidos y encarcelados en el establecimiento penitenciario de Belfast. Las condiciones de reclusión son duras y especialmente degradantes. Los prisioneros son golpeados con frecuencia y sometidos a humillaciones. A sus 22 años, el joven Bobby Sands no permite que lo traten así. Se convierte en comandante del IRA y hace pasar mensajes fuera de los muros de la prisión. Milita con sus camaradas para que se les conceda el estatuto de preso político, con el fin de limitar las burlas y poner fin a la violencia que se ejerce contra ellos. Mientras que el Gobierno británico hace oídos sordos, los presos comienzan la *Blanket protest* (literalmente, «la protesta de las mantas»), que consiste en negarse a llevar sus uniformes, prefiriendo una sábana. Pero su situación no mejora. Entonces, Bobby Sands decide endurecer el movimiento mediante el lanzamiento una *No wash protest* y de una *Dirty protest* (literalmente, «protesta de la suciedad»). A partir de ahora, los prisioneros desprecian cualquier forma de higiene, negándose a lavarse e incluso untando las paredes con sus excrementos. Fiel a su costumbre, la Dama de Hierro no se doblega y presta poca atención a estas provocaciones. Entonces, los detenidos comienzan una huelga de hambre.

Mientras tanto, en abril de 1981, cuando un diputado del IRA muere, los miembros del grupo deciden proponer a Bobby Sands, aún preso, como candidato para que lo sustituya. Se organizan unas elecciones, y el joven rebelde se hace con el triunfo, lo que obliga al Gobierno de Thatcher a cambiar la ley que permite que los presos sean elegidos.

Después de 66 días de lucha feroz, Bobby Sands muere, a la edad de 27 años, llevándose a la tumba sus ideales de una República Irlandesa independiente. La derrota es amarga. Tras 172 días, diez de los huelguistas han muerto de hambre.

El balance es tan grave que el cinismo y la inflexibilidad de la Dama de Hierro provocan muchos disturbios en Irlanda del Norte y suscitan una gran conmoción en todo el Reino Unido y más allá de sus fronteras. «Él mismo eligió quitarse la vida», se justifica ante la opinión pública, que la considera responsable (Fresneda 2013).

En 1984, el IRA intenta vengarse poniendo una bomba en un hotel francés en el que el partido de la primera ministra da una conferencia. Thatcher, que no está en su habitación en ese momento, evita el atentado por poco, aunque este se lleva por delante la vida de cinco conservadores. Poco impresionable, la Dama de Hierro mantiene la compostura y acude a la tribuna para pronunciar su discurso, diciendo: «[...] Y ahora tenemos que seguir con nuestro trabajo» (Thatcher, en *Margaretthatcher.us*).

## UNA RELACIÓN QUE CAMBIA LA HISTORIA

En 1975, Margaret Thatcher se reúne en Londres con Ronald Reagan, gobernador de California. Más que un amor a primera vista, se trata de un verdadero flechazo político. A pesar de tener sus propias particularidades, las trayectorias respectivas de estas dos personalidades los sitúan al frente del poder casi al mismo tiempo. Poco a poco, los dos jefes de Estado desarrollan puntos en común, sobre todo a través de su enemigo colectivo: el comunismo. La Dama de Hierro parece no temer a nadie y utiliza su elocuencia para plantear unas preguntas que provocan molestias. Durante una visita de Mijaíl Gorbachov (hombre de Estado soviético, nacido en 1931), no duda en preguntarle por qué no permite que su pueblo emigre. Calificando su acto como una confesión de debilidad, no puede reprimirse en contarle la escena a su amigo estadounidense. Gracias a la influencia mutua que tienen el uno sobre el otro y a su determinación, Reagan y Thatcher contribuyen a la caída de la Unión Soviética.

Margaret Thatcher, invitada a la Casa Blanca por Reagan, 1988.

## LA UNIÓN SOVIÉTICA

La Unión Soviética, también llamada URSS (Unión de Repúblicas Socialistas Soviéticas) nace el 30 de diciembre de 1922. Está formada por 15 repúblicas, que juntas forman un Estado federal. Debe su nacimiento a la Revolución rusa de 1917, que derrocó al zar Nicolás II (1868-1918) y que permitió que el Partido Bolchevique se hiciera con el poder. Este partido federalista también es, en ese momento, el de Lenin (revolucionario y hombre de Estado ruso, 1870-1924). Con su deseo de poner orden, Lenin organiza sus nuevas Repúblicas según un criterio étnico. La gestión de estas entidades le es confiada al partido único de la URSS, el Partido Comunista de la Unión Soviética (PCUS).

Ronald Reagan y Margaret Thatcher se entienden bien. Su relación es muy estrecha: él la considera el «mejor hombre de Inglaterra» (Reyero 2013), y ella habla de él como si fuera el segundo hombre de su vida. Solo se opondrán debido a pequeños desacuerdos sin consecuencias dramáticas, como el intento estadounidense de llegar a un acuerdo durante la Guerra de las Malvinas.

## ENTRE LA TERNURA Y LA DIFÍCIL CONVIVENCIA

Mientras que Margaret Thatcher traza el amor político perfecto con Ronald Reagan, su relación con la reina Isabel II es más matizada.

Cuando Margaret Thatcher se convierte en primera ministra, es la primera vez que una mujer obtiene este cargo en el Reino Unido. Además, la Dama de Hierro proviene de un ambiente diferente al de la reina, aunque esto no le impide aplicar el protocolo a la carta, e incluso se permite utilizar el «nosotros» cuando habla, algo que molesta a Isabel II, ya que se trata de un privilegio real. El estilo al vestir de la Dama de Hierro presenta también similitudes bastante inquietantes con el de la reina. Muchos dicen que esto se debe a un problema de rivalidad femenina.

La reina se sitúa más bien en una política de centro-derecha: por lo tanto, aprueba las estrictas reformas económicas de Margaret Thatcher y las medidas adoptadas en las islas Malvinas. Sin embargo, la convivencia se hace cada vez más difícil cuando la Dama de Hierro se niega a realizar concesiones durante la huelga de los mineros. A la reina Isabel II le parece demasiado insensible ante la desesperación de los mineros, pues recibe muchas cartas de las mujeres de estos últimos en las que le suplican que acabe con esa situación. Sin embargo, a pesar de estos desacuerdos, la reina manifiesta un genuino afecto por Margaret Thatcher. En 2007, incluso le habría concedido su ayuda para moverse por una sala de gala, sujetándola por el brazo.

A su muerte, la reina muestra su tristeza y su afecto por ella. Lo que es aún más sorprendente es que Isabel II, que respeta mucho las tradiciones, acude al entierro, algo que más bien es poco común ya que la reina nunca había ido al entierro de sus anteriores primeros ministros, a excepción del de Winston Churchill (1874-1965).

# REPERCUSIONES

Con su imagen, sus enérgicas palabras, su rechazo al consenso y su política ultraliberal, Margaret Thatcher deja huella y cambia profundamente el Reino Unido.

## EL VOLUNTARISMO POLÍTICO

Aunque sus decisiones y sus opiniones siguen provocando divisiones, hay que reconocer que la Dama de Hierro siente pasión, devoción por el objeto político. Es admirada por su voluntarismo y por sus reacciones ante situaciones difíciles. Su actitud sigue siendo, a día de hoy, un ejemplo para la clase política. Por el contrario, su percepción de la política se considera demasiado maniquea. Consciente de su intransigencia, Margaret Thatcher no duda en decir: «Estoy a favor del consenso... El consenso sobre lo que quiero hacer»[1] (Echeynne 2013). Una frase que resume bien su voluntad y su compromiso con sus principios y valores.

También es la primera mujer en el Reino Unido que alcanza un cargo político tan alto. Rodeada principalmente de hombres en su Gobierno, la Dama de Hierro siempre se aleja de debates demasiado femeninos. A pesar de alejarse del feminismo, al que considera venenoso, hace que caigan muchas barreras para las mujeres, demostrándoles que, a veces, el único secreto del éxito está en la voluntad.

---

1. Cita traducida por 50Minutos.es

# LA ECONOMÍA EN PRIMERA LÍNEA

Margaret Thatcher contribuye, sin lugar a dudas, a la renovación económica de Gran Bretaña al promover el emprendimiento y al reducir las presiones sindicales. A golpe de privatización de empresas públicas y de desregulación de las finanzas, le da más libertad a los inversores. El Reino Unido se abre al mundo internacional y atrae rápidamente a una gran cantidad de capital extranjero. Gracias a ella, la ciudad de Londres comienza a crecer y se convierte en un importante centro bursátil, reconocido a nivel internacional.

Sus sucesores, entre los que se encuentra Tony Blair (nacido en 1953), no critican su opción, y llevan su política en la misma dirección. A pesar de las crisis sociales, Margaret Thatcher permite al Reino Unido experimentar una prosperidad ejemplar de 1994 a 2008.

## DETERIORO DEL ESTADO

Uno de los principales objetivos de Margaret Thatcher era reducir drásticamente el papel del Estado. Su ola de privatizaciones convierte al sector privado en el actor principal en la economía británica. Pero sus muchas restricciones en sectores clave dan lugar a la desaparición de la atención sanitaria gratuita o incluso a la pérdida de las prestaciones de desempleo para los más pobres. La sociedad se divide entonces en beneficiarios y excluidos. El ámbito de la inmigración también se ve fuertemente afectado por una serie de medidas.

Poco a poco, el Estado observa cómo su papel se vuelve

irrisorio. Su falta de compromiso en el plano social provoca que se acentúe la desigualdad entre clases. En 1990, la brecha salarial entre los ricos y los pobres estaba exactamente en el mismo nivel que en 1930. Y, aún hoy, la parte menos rica de la población (aproximadamente el 20 %) solo recibe un pequeño porcentaje más en comparación con el de la época. La diferencia de ingresos entre las clases sociales sigue siendo una de las más elevadas de los países de la OCDE (Organización para la Cooperación y el Desarrollo Económico), ya que el país se sitúa en el puesto número 24 de un total de 28 países.

## FIN DEL IMPACTO SINDICALISTA

Con sus cinco leyes contra los sindicatos, Margaret Thatcher consigue reducir el papel de los *Trade Union*. En particular, les impone un modo de funcionamiento más estricto y establece una sanción contra las huelgas salvajes. Su impasibilidad ante la huelga de los mineros pone fin al impacto de los sindicatos en el país. Desde entonces, la frecuencia de las huelgas se ha visto considerablemente limitada, como si la Dama de Hierro hubiera logrado romper el simbolismo de la acción sindical.

## MARGARET THATCHER, UNA FUENTE DE INSPIRACIÓN

Debido a las posturas que adopta, a sus discursos y a su actitud, la Dama de Hierro, paradójicamente, propicia un terreno fértil para la creación en el ámbito artístico. Al suprimir la financiación y reducir las ayudas a la cultura, considerando que los artistas debían valerse por sí mismos si querían tener éxito, se gana la ira de muchos de ellos. Para ella, es inaceptable contribuir al arte, sobre todo si este se vuelve en su contra.

Por consiguiente, sus medidas inspiran a numerosos grupos musicales de la época, que le dedican canciones más bien agresivas (The Smiths, The Clash, Morissey, Madness, Elvis Costello y muchos más), mostrando su manera de responder a la opresión que ejerce sobre las clases trabajadoras. Incluso se crea un verdadero movimiento anti-Thatcher en el rock inglés. La carrera política de la Dama de Hierro también coincide con la aparición de un movimiento hedonista animado por numerosas fiestas salvajes en las que abundan las pastillas de éxtasis: es la aparición de la cultura rave.

Pero Margaret Thatcher no solo es un potente tema de discordias y debates en el mundo de la música. El cine, la pintura, la televisión, la literatura e incluso la moda se ven influidos por la célebre Dama de Hierro. Como regla general, las producciones, las obras, los lienzos, los programas y los reportajes se muestran bastante críticos con el trabajo de Margaret Thatcher. Y, si bien cuando se anuncia su muerte son muchos los jefes de Estado que le rinden homenaje, las reacciones en el ámbito artístico son muy distintas, y vuelven a aparecer las críticas mordaces. Así, Ken Loach (director británico de cine y de televisión, nacido en 1936) declara el día de su muerte, no sin ironía, que su entierro debería haberse privatizado, lo que habría permitido sacarlo a concurso y cederle el evento a la oferta más jugosa. En cualquier caso, la Dama de Hierro nunca dejó —y probablemente nunca dejará— indiferente a nadie.

- 28 -

# EN RESUMEN

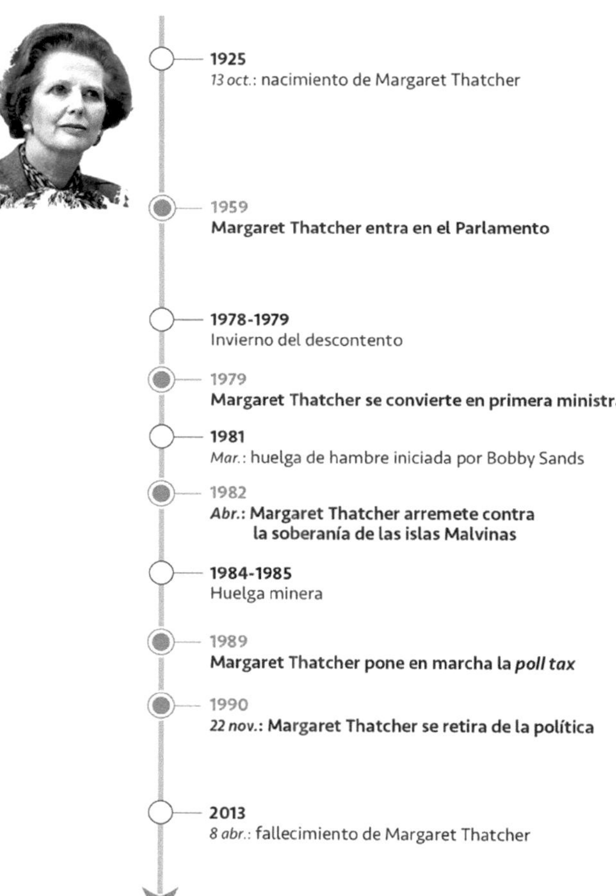

**1925**
*13 oct.:* nacimiento de Margaret Thatcher

**1959**
**Margaret Thatcher entra en el Parlamento**

**1978-1979**
Invierno del descontento

**1979**
**Margaret Thatcher se convierte en primera ministra**

**1981**
*Mar.:* huelga de hambre iniciada por Bobby Sands

**1982**
*Abr.:* **Margaret Thatcher arremete contra la soberanía de las islas Malvinas**

**1984-1985**
Huelga minera

**1989**
**Margaret Thatcher pone en marcha la *poll tax***

**1990**
*22 nov.:* **Margaret Thatcher se retira de la política**

**2013**
*8 abr.:* fallecimiento de Margaret Thatcher

- Margaret Thatcher nace el 13 de octubre de 1925. Siempre idolatra a su padre, que le transmite los valores del metodismo, del rechazo al acuerdo y del rigor. Conservará a lo largo de todo su mandato político estos rasgos de su personalidad, que también estarán presentes en su vida personal.
- Esta emblemática personalidad política del siglo XX es la primera mujer que se convierte en primera ministra en el Reino Unido, pero también en Europa, y además es la que ocupa el cargo durante más tiempo. Aunque su condición de mujer nunca es objeto de reivindicaciones, demuestra que el hecho de no ser un hombre no supone ninguna desventaja en la jungla política.
- En la mentalidad colectiva, también siguen siendo inimitables su sentido de la retórica y sus respuestas.
- Es una figura controvertida por su política económica, pues toma medidas ultraliberalistas, antisindicalistas y euroescépticas, demostrando una determinación implacable.
- Su política permite dotar de una nueva dinámica a la economía británica, atrayendo a los inversores extranjeros y favoreciendo una mejor financiación gracias a las numerosas privatizaciones que realiza. En cambio, disminuye drásticamente el poder del Estado, sobre todo mediante los recortes presupuestarios en los ámbitos de la salud, del transporte, de la educación y de la cultura. Por desgracia, estas medidas provocan un aumento del desempleo y de la brecha entre las diferentes clases sociales.
- Margaret Thatcher también contribuye a debilitar el peso de los *Trade Union* en un período en el que las huelgas son

frecuentes. Va en contra del socialismo y de la omnipotencia de los sindicatos británicos, a los que considera enemigos internos. Nunca titubea a pesar de la lucha de los mineros, que dura 365 días.

- La Guerra de las Malvinas, un episodio breve pero terriblemente mortífero, le permite recuperar la confianza de los votantes y ser reelegida para un segundo mandato.

- La Dama de Hierro, que posee una fuerte personalidad, inspira a numerosos artistas en diversos ámbitos que van de la pintura a la música. Prueba de ello es que no deja a nadie indiferente, y que incluso se desarrolla un movimiento anti-Thatcher en el rock británico. La Dama de Hierro también contribuye, sin quererlo, a la llegada de la cultura rave, que aparece en protesta a sus recortes presupuestarios en el ámbito de la cultura.

*¡Tu opinión nos interesa!*
*¡Deja un comentario en la página web de tu librería en línea,*
*y comparte tus favoritos en las redes sociales!*

# PARA IR MÁS ALLÁ

## FUENTES BIBLIOGRÁFICAS


- AFP. 2013. "Margaret Thatcher, tremplin malgré elle de la culture britannique". *L'Express.fr.* 8 de abril. Consultado el 13 de diciembre de 2016. http://www.lexpress.fr/actualites/1/culture/margaret-thatcher-tremplin-malgre-elle-de-la-culture-britannique_1238516.html
- Blagrove Jr, Ishmahil. 2006. "The Children of Thatcher and Reagan". *Rice N Peas.com.* Consultado el 13 de diciembre de 2016. http://www.ricenpeas.com/docs/the%20children%20of%20thatcher.html
- Chabas, Charlotte. 2013. "Margaret Thatcher l'adieu à dix millions de livres qui fait hurler la presse". *Le Monde.fr.* Consultado el 13 de diciembre de 2016. http://www.lemonde.fr/europe/article/2013/04/11/margaret-thatcher-l-adieu-a-dix-millions-de-livres-qui-fait-hurler-la-presse_3157596_3214.html
- Colectivo. "Ken Loach Blasts Plans For Margaret Thatcher's Costly-Funeral". *Express.co.uk.* Consultado el 13 de diciembre de 2016. http://www.express.co.uk/news/showbiz/390560/Ken-Loach-blasts-plans-for-Margaret-Thatcher-s-costly-funeral
- Colmant, Patricia. 1979. "À Dublin, face à ses partenaires européens, Mme Thatcher dénonce la situation 'inique' de la Grande-Bretagne dans la CEE". *Le Soir.* 30 de noviembre.
- Combes, Francis. "Mort de Margaret Thatcher: un œillet rouge pour Bobby Sands". *L'Humanité.fr.* Consultado el 13 de diciembre de 2016. http://www.humanite.fr/

mort-de-margaret-thatcher-un-oeillet-rouge-pour-
bobby-sands

- "Commonwealth". *Toupie.org*. Consultado el 13 de
diciembre de 2016. http://www.toupie.org/Dictionnaire/
Commonwealth.htm
- Compagnon, Olivier. "Guerre des Malouines". *Universalis.
fr*. Consultado el 13 de diciembre de 2016. http://www.
universalis.fr/encyclopedie/guerre-des-malouines/
- Colectivo. 2013. "Thatcher: Mitterand a flatté sa fémi-
nité". *Le Figaro.fr*. Consultado el 13 de diciembre de 2016.
http://www.lefigaro.fr/flash-actu/2013/04/10/97001-
20130410FILWWW01012-thatchermitterrand-avait-
flatte-sa-feminite.php
- Cullen, Catherine. 1991. *Margaret Thatcher. Une dame de
fer*. París: Odile Jacob.
- Czarni, Raphaël. "En 1984, Margaret Thatcher a vu le
coiffeur tous les trois jours (et autres histoires rendues
publiques)". *Slate.fr*. Consultado el 13 de diciembre de
2016. http://www.slate.fr/monde/81839/1984-marga-
ret-thatcher-coiffeur-anecdotes
- Delmotte, Axel. 2003. *L'indispensable de la culture
anglo-saxonne*. Levallois-Perret: Studyrama.
- De visscher, Christian, Jean-Michel Emery y Gauthier
Le Bussy. 2004. *La relation entre l'autorité politique et la
haute administration: mise en perspective de la situation
au niveau fédéral en Belgique*. Gante: Academia Press.
- Echeynne, Alexia. 2013. "Margaret Thatcher en dix
citations". *L'express.fr*. 9 de marzo. Consultado el
13 de diciembre de 2016. http://www.lexpress.fr/
actualite/monde/europe/margaret-thatcher-en-10-cita-
tions_1238445.html

- Murado, Miguel. 2013. "El otro legado de Maggie". *La voz de Galicia*. 9 de abril. Consultado el 13 de diciembre de 2016. http://www.lavozdegalicia.es/noticia/internacional/2013/04/09/legado-maggie/0003_201304G9P24992.htm
- "État-providence". *Toupie.org*. Consultado el 13 de diciembre de 2016. http://www.toupie.org/Dictionnaire/Etat-providence.htm
- Equipo editorial. 2010. "Falkland Islands: Imperial Pride". *The Guardian.com*. 19 de febrero. Consultado el 13 de diciembre de 2016. http://www.theguardian.com/commentisfree/2010/feb/19/falkland-islands-editorial
- Fontant, Sylvain. 2013. "Bilan de Margaret Thatcher en Grande-Bretagne". *L'Économiste.eu*. 9 de abril Consultado el 13 de diciembre de 2016. http://www.leconomiste.eu/decryptage-economie/12-bilan-economique-de-margaret-thatcher-en-grande-bretagne.html
- Fresneda, Carlos. 2013. "Margaret Thatcher negoció en secreto con el IRA en 1980". *El Mundo*. 23 de abril. Consultado el 3 de agosto de 2016. http://www.elmundo.es/elmundo/2013/04/23/internacional/1366726789.html
- Giulio Anta, Claudio. 2007. *Les pères de l'Europe: sept portraits*. Bruselas: Peter Lang.
- GQ Magazine.fr, "Margaret Thatcher l'autre bilan". 2013. Consultado el 13 de diciembre de 2016. http://www.gqmagazine.fr/pop-culture/medias/diaporama/margaret-thatcher-lautre-bilan/3893#1-elle-a-t-la-muse-de-la-pop-anglaise
- Iglesias, Graciela. 2013. "Margaret Thatcher: obstinada, temeraria y con mano de hierro". 9 de abril. Consultado

el 13 de diciembre de 2016. http://www.lanacion.com.
ar/1570942-margaret-thatcher-obstinada-temera-
ria-y-con-mano-de-hierro

- L'Express.fr y AFP. 2013. "Irlande du Nord: pas de regret
  pour Margaret Thatcher à Belfast-Ouest". *L'Express.
  fr*. 15 de abril. Consultado el 13 de diciembre de  2016.
  http://www.lexpress.fr/actualite/Monde/l-Irlande-du-
  Nord-Pas-de-Regret-pour-Margaret-Thatcher-a-Belfast-
  ouest_1240400.html
- L'Express.fr. 2013. "La Dame de fer en 10 dates clés".
  *L'Express.fr*. 9 de abril. Consultado el 13 de diciembre de
  2016. http://www.lexpress.fr/actualite/monde/europe/
  mort-de-margaret-thatcher-la-dame-de-fer-en-10-dates-
  cles_1238414.html
- Langelier, Jean-Pierre. 2013. "Margaret Thatcher, portrait
  de la Dame de fer". *Le Monde.fr*. 8 de abril. Consultado el
  13 de diciembre de 2016. http://www.lemonde.fr/europe/
  article/2013/04/08/margaret-thatcher-la-dame-de-
  fer_1810460_3214.html
- Leger leinwand, Donna. 2013. "Thatcher, Reagan
  Relationship Altered History". *USA Today*. 8 de abril
  Consultado el 13 de diciembre de 2016. http://www.
  usatoday.com/story/news/world/2013/04/08/
  thatcher-reagan-political-soulmates/2063671/
- Lévêque, Emilie. "Comment Margaret Thatcher a
  marqué l'économie et la société britannique". *Trends.
  be*. Consultado el 13 de diciembre de 2016. http://trends.
  levif.be/economie/people/comment-margaret-that-
  cher-a-marque-l-economie-et-la-societe-britannique/
  article-normal-215919.html
- Marzagalli, Silvia y Bruno Marnot. 2006. *Guerre et*

*économie dans l'espace Atlantique du XVIe au XXe siècle.* Pessac: Presses universitaires de Bordeaux.
- Mathieu, Clément. 2013. "Élisabeth et Margaret la relation spéciale". *Parismatch.com*, Consultado el 13 de diciembre de 2016. http://www.parismatch.com/Royal-Blog/Royaume-Uni/La-reine-Elizabeth-et-Margaret-Thatcher-la-relation-speciale-50747
- Nguyen, Éric. 2006. *100 événements du XXe siècle.* Levallois-Perret: Studyrama.
- "Qui est Élisabeth II?". *L'Internaute.com*. Consultado el 13 de diciembre de 2016. http://www.linternaute.com/actualite/interviews/07/marc-roche-elizabeth-2/3-elizabeth-2-premiers-ministres.shtml
- "Reino Unido", en *OECD Data.org*. Consultado el 13 de diciembre de 2016. http://data.oecd.org/fr/royaume-uni.htm
- Reyero, Francisco. 2013. "Margaret Thatcher: El mejor hombre de Inglaterra". *La Razón.* 13 de diciembre. Consultado el 13 de diciembre de 2016. http://www.larazon.es/local/andalucia/margaret-thatcher-el-mejor-hombre-de-inglaterra-CA4741444#.Ttt1alNEWxN4nZU
- Statistiques-mondiales.com, "Taux de chômage". Consultado el 28 de enero de 2015. http://www.statistiques-mondiales.com/chomage.htm
- Supertino, Gaétan. 2013. "Le 'thatchérisme' pour les nuls". *Europe1.fr.* 8 de abril. Consultado el 13 de diciembre de 2016. http://www.europe1.fr/economie/le-thatcherisme-pour-les-nuls-1475411
- Thatcher, Margaret. "Discurso al Congreso del Partido Conservador en el Gran Hotel de Brighton,

Francia, 12 de octubre de 1984". *Margaretthatcher. us*. Consultado el 29 de junio de 2015. http://www. margaretthatcher.us/discursos-margaret-thatcher/ discurso-la-democracia-prevalecera-1984/

- Thatcher, Margaret. "Discurso en Kensington Town Hall, 'Despierta Gran Bretaña', pronunciado el 19 de enero de 1976". *Margarettatcher.us*. Consultado el 29 de junio de 2016. http://www. margaretthatcher.us/discursos-margaret-thatcher/ despierta-gran-bretana-britain-awake/
- Thatcher, Margaret. "Speech at Kensington Town 'Hall Britain Awake', 19 de enero de 1976". *Margaret Thatcher Foundation.org*. Consultado el 13 de diciembre de 2016. http://www.margaretthatcher.org/speeches/displaydo-cument.asp?docid=102939
- Thoraval, Armelle. 2005. "Le Royaume-Uni tient à sa 'ristourne'". *Libération.fr*. 17 de junio. Consultado el 13 de diciembre de 2016. http:// www.liberation.fr/evenement/2005/06/17/ le-royaume-uni-tient-a-sa-ristourne_523726

## FUENTES COMPLEMENTARIAS

- Blundell, John. 2008. *Margaret Thatcher. A Portrait of the Iron Lady*. Nueva York: Algora publishing.
- Chautard, Sophie. 2003. *L'indispensable des conflits du XX$^e$ siècle*. París: Studyrama.
- Gorosito Pérez, Washington Daniel. 2016. "Jorge Luis Borges y la Guerra de las Malvinas". *Conexiones digital*. 4 de abril. Consultado el 13 de diciembre de 2016. http://conexiones.digital/

jorge-luis-borges-y-la-guerra-de-las-malvinas/

- Reitan Aaron, Earl. 2003. *The Thatcher Revolution: Margaret Thatcher, John Major, Tony Blair and the Transformation of Modern Britain, 1979-2001*. Maryland: Rowman & Littlefield publishers.
- Wapshottitan, Nicholas. 2007. *Ronald Regan and Margaret Thatcher: a Political Marriage*. Londres: Sentinel.

## FUENTES ICONOGRÁFICAS

- Retrato de Margaret Thatcher de 1983. © Rob Bogaerts.
- Margaret Thatcher, invitada a la Casa Blanca por Reagan, 1988. La imagen reproducida está libre de derechos.

## PELÍCULAS

- *This Is England*. Dirigida por Shane Meadows, con Stephen Graham, Thomas Turgoose y Joseph Gilgun. Reino Unido, 2006.
- *Hunger*. Dirigida por Steve McQueen, con Michael Fassbender, Stuart Graham y Brian Milligan. Irlanda y Reino Unido, 2008.
- *La dama de hierro*. Dirigida por Phyllida Lloyd, con Meryl Streep, Jim Broadbent y Iain Glen. Estados Unidos y Francia, 2011.

## LITERATURA

- Forsyth, Frédérick. 1980. *La alternativa del diablo.*

- Hollinghurst, Alan. 2004. *La línea de la belleza*, Fayard.
- Mantel, Hilary. 2014. *El asesinato de Margaret Thatcher.*

- 40 -

## EDIFICIO CONMEMORATIVO

- Estatua de Margaret Thatcher en la Cámara de los Comunes, realizada por Anthony Dufort en 2007. Esta reemplaza a la de la Guildhall Art Gallery, que fue decapitada por Paul Kelleher en 2002.

# en50MINUTOS.es